JN376071

장보고의 청자 찻잔

글 김은중 | 그림 이지후

밝은미래

글 김은중

대학에서 국문학을 전공했고 지금은 교육대학원에서 아동문학교육을 공부하고 있습니다.
김만중 문학상, 푸른 문학상, 한국문화예술위원회 아르코창작지원금을 받았으며
지은 책으로 《철부지 아빠》(공저), 《독후감 쓰기 싫은 날》, 《책 읽어 주는 아이, 책비》 등이 있습니다.

그림 이지후

중앙대학교 서양화과를 졸업했습니다. 현재 회화 작업을 하며 프리랜서 일러스트레이터로 활동하고 있습니다.
그린 책으로는 《세상을 뒤흔든 위인들의 좋은 습관》, 《게으름뱅이 탈출 학교》, 《나를 바꾼 그때 그 한마디》,
《에디슨과 발명 천재들》, 《일기가 나를 키웠어요》, 《정정당당 공룡축구》, 《삼각형으로 스피드를 구해줘!》 등이
있으며, 그레이트 피플 시리즈에 그림을 그리고 있습니다.

그레이트 피플
장보고의 청자 찻잔

초판 4쇄 발행 2022년 5월 23일
펴낸이 도승철 | **펴낸곳** 밝은미래 | **등록** 2005년 5월 2일 (제105-14-87935호) | **주소** 경기도 파주시 회동길 349 3층
전화 031-955-9550 | **팩스** 031-955-9555 | **홈페이지** http://www.bmirae.com
편집 송재우, 고지숙 | **디자인** 윤수경 | **마케팅** 김경훈 | **경영지원** 강정희 | **홍보** 박민주
표지 및 본문 디자인 뭉클 | **진행** 이상희
ISBN 978-89-6546-234-7 74990 | 978-89-6546-090-9(세트)
© 2016 밝은미래

이 책 내용의 일부 또는 전부를 재사용하려면 반드시 저작권자와 출판사의 동의를 얻어야 합니다.
책에 대한 단순 서평 수준을 넘어서는 내용을 SNS나 사진, 영상 등으로 출판사의 동의 없이 배포하는 것은 저작권법에 저촉될 수 있습니다.

이 책에 사용된 사진은 저작권자에게 허락을 받아 게재했습니다.
저작권자와 초상권자를 찾지 못한 사진은 확인되는 대로 연락 드리겠습니다.

사진 제공: 경주시 관광자원 영상이미지 / 국립중앙박물관 / 대한민국 국군 / 리움 / 연합포토 / 전쟁기념관 / 해군사관학교 / Jum / Rhe01905
일러두기: 표지의 배경 그림은 1402년에 우리나라에서 처음 그려진 〈혼일강리역대국도지도〉를 후세에 모사한 것입니다.

차례

황학동 만물상	10
장보고	13
신라의 신분 제도와 생활	15
당나라의 신라 사람들	17
장보고가 진압한 반란	18
일본과 중국에 널리 알려진 장보고	21
국제 무역의 중심지 청해진	23
장보고가 이용한 신라의 배	25
신라의 국제 무역	27
이슬람 세계까지 알려진 신라	30
수출 물품을 개발하다	31
바다를 주름잡은 장보고 선단	33
장보고에 대해 기록한 고서	37
바다를 지배하는 자가 세계를 지배한다	40
어휘 사전	41
한눈에 보는 인물 연표	44

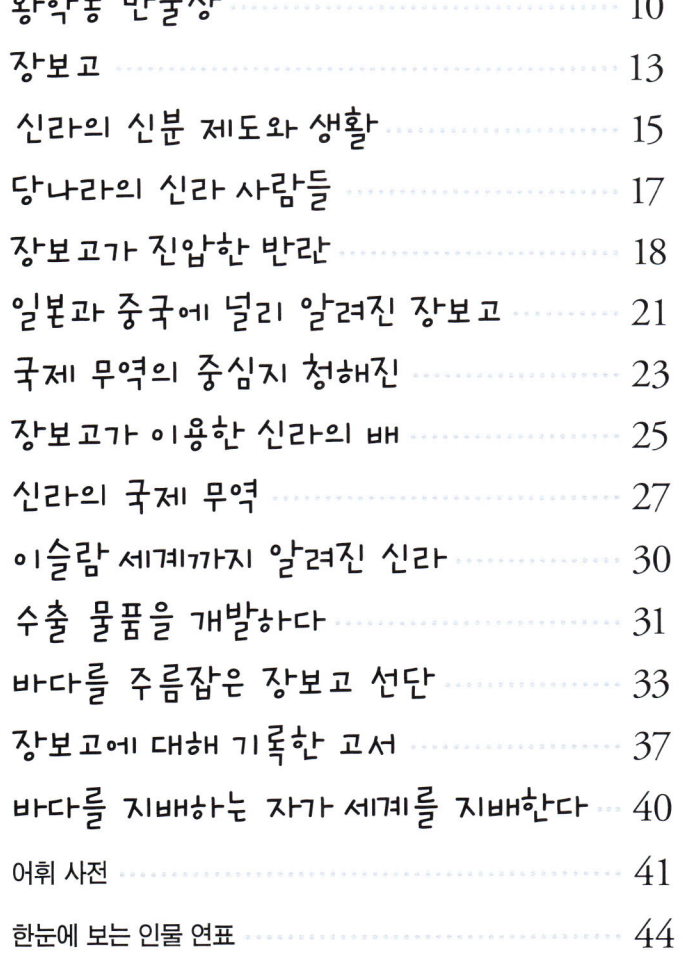

*표시가 된 어휘는 '어휘 사전'에서 자세한 설명을 읽을 수 있습니다.

만물상 할아버지

황학동 만물상 주인이다. 초등학교 교장 선생님이었으나, 은퇴한 후 황학동에 만물상을 열었다. 없는 것 빼놓고 다 있다는 만물상에는 신기한 물건이 가득하다.

수지

아홉 살 여자아이. 오래된 물건을 수집하는 것이 취미이다. 선우의 단짝 친구이자 황학동 만물상의 단골손님으로, 만물상에 새로 들어오는 물건에 대해 가장 먼저 알고 싶어한다.

선우

만물상 할아버지의 손자이다. 단짝 친구인 수지와 티격태격하지만 언제나 유쾌하고 명랑하다. 만물상의 물건에 얽힌 이야기를 들을 때 가장 눈이 반짝거린다.

꽃돼지 아주머니

황학동에서 손맛 좋기로 유명한 꽃돼지네 분식집 주인이다. 외국에 떡볶이, 순대, 튀김을 파는 꽃돼지네 분식 2호점을 내는 게 꿈이다.

이나리 아가씨

세계적인 패션 디자이너가 되는 것이 꿈이다. 늘 최신 유행하는 옷을 입는 멋쟁이다. 중고 옷들을 멋진 새옷으로 고쳐서 팔기도 한다.

황학동 만물시장에는 없는 게 없다. 두 눈을 크게 뜨고 시장 곳곳을 돌아다니면 시간과 공간을 거슬러 온 멋진 물건들과 만나게 된다.

주방 거리에는 옛날 시골에서 쓰던 돌절구부터 오래된 냄비까지 여러 가지 주방 용품이 그득하다.

가구 거리에는 신발장과 책꽂이를 합쳐 놓은 희한한 모양의 책장, 가구 들이 주인을 기다린다.

중고 가전제품 가게는 마치 전자 제품 박물관 같다. 에디슨이 발명한 축음기와 백열전등부터 디지털카메라, 노트북, 스마트폰 등 최신 유행하는 제품까지 모두 있다. 가끔 중고 악기점에서는 악기점 주인이 바이올린으로 연주하는 아름다운 음악 소리가 들려올 때도 있다. 이 악기점에는 기타나 하모니카, 아프리카 원주민이 썼던 타악기까지 없는 악기가 없다.

황학동 거리 곳곳에 있는 노점에서는 인디언 추장의 동상, 중세의 갑옷과 칼, 구리로 만든 희한한 장식품뿐만 아니라 어디에 쓰이는지 알 수 없는 신기하고도 괴상한 물건들도 많이 판다.

이 황학동 만물시장 깊숙한 곳에 '황학동 만물상'이라는 가게가 있는데, 문 앞에는 '없는 것 빼고 다 있어요.'라는 문구가 쓰여 있다.

황학동 만물상의 주인은 선우네 할아버지다. 초등학교 교장 선생님이었던 할아버지는 퇴직 후 평소에 즐겨 찾던 황학동에 만물상을 열었다. 평소에 쉽게 볼 수 없는 갖가지 물건들이 모여 있는 황학동 만물상은 황학동 만물시장의 축소판이다.

선우는 단짝 친구 수지와 함께 자주 할아버지의 만물상을 찾는다. 선우와 수지는 할아버지의 만물상에 혹시 새로운 물건이 들어오지는 않았는지 궁금해서 거의 매일 학교가 끝나는 길에 할아버지 가게에 들른다.

햇볕이 여유로운 오후, 만물상 할아버지는 가게 앞에서 돋보기를 쓴 채 책을 읽으며 아이들을 기다린다.

"나는 애꾸눈 해적이다. 보물을 내놓아라!"

선우가 한쪽 눈에 안대를 하고서 의기양양하게 만물상 안으로 들어섰다. 조용하던 만물상이 갑자기 소란스러워졌다.

"흥, 눈병에 걸린 거면서!"

뒤따라 들어오는 수지가 콧방귀를 뀌었다.

"애꾸눈 해적이라니까!"

선우가 양손을 허리에 척 얹고 가슴을 폈다.

"이런, 아직 보물을 숨기지 못했는데 큰일이네!"

만물상 할아버지가 탁자 위의 무언가를 끌어안으며 쩔쩔매는 시늉을 냈다.

"목숨이 아깝거든 어서 보물을 내놓으시오."

선우가 장난감 칼을 휘두르며 해적 흉내를 냈다.

"이것만은 안 되오."

할아버지가 장난스럽게 보물을 감싸며 말했다.

선우는 빼앗는 시늉을 내며 보물을 들어올렸다. 푸르스름한 빛깔의 도자기였다.

"에이, 이게 무슨 보물이에요."

선우는 도자기를 내려놓으며 실망한 목소리로 말했다.

"어허, 이게 우리나라 최초의 청자일지도 모르는데, 그렇게 말하면 섭섭하지."

"정말요?"

할아버지 말에 수지와 선우는 깜짝 놀라 도자기를 다시 살펴보았다. 선우는 안대까지 올렸다 내렸다.

"이게 고려청자예요?"

수지가 물었다.

"허허, 고려청자가 아니란다. 통일 신라 시대 거야. 장보고 덕분에 만들어졌지."

"어머, 통일 신라 시대에도 청자를 만들었어요? 처음 들어요."

"저두요. 게다가 장보고는 해적을 무찌른 신라의 장군이잖아요."

이번엔 선우가 자신 있게 알은체를 했다.

"장보고는 해상 무역에 뛰어난 상인이기도 했단다. 당시 청자는 당나라만 만들 수 있는 첨단 제품이었어. 모두들 당나라 청자를 어떻게 하면 싸게 사 올까 고민하고 있을 때 장보고는 아예 청자를 만들기로 했지."

"와, 듣고 보니 이 청자, 보물 맞네요."

"장보고는 어려워도 포기하지 않고, 하나씩 헤쳐 나갔어. 그러다 보니 우리나라 남해는 물론, 중국과 일본의 바다에서 해상왕이라 불릴 정도로 성공했단다."

"우아, 해상왕이라고요? 바다 위의 왕이요? 정말 궁금해요. 장보고 얘기 더 들려주세요."

수지가 눈을 빛내며 물었다.

 # 장보고
(?~846년)

◀ 통일 신라 시대의 무장이자 거상, 장보고

장보고는 9세기 통일 신라 시대에 완도를 근거지로 바다를 누비며 국제 무역을 이끈 거상*이자 무장이야. 우리나라 역사서는 물론 당나라, 일본 역사서에도 이름이 등장할 정도로 유명하지.

장보고는 780년대 후반에 완도에서 어부의 아들로 태어났어. 꿈이 컸던 장보고는 신분 때문에 벼슬을 할 수 없는 신라를 떠나 당나라로 갔지. 처음엔 어려웠지만 반란군을 진압하는 군대에 들어가 공을 세우고 장군이 되었어. 군대에서 나온 뒤엔 무역을 시작했어. 크게 성공해서 신라에까지 명성을 날렸지. 그 명성은 신라로 돌아와 완도에 청해진을 세워 무역을 하면서 더욱 높아졌단다. 하지만 장보고의 세력을 두려워하던 신라 왕실의 음모로 암살을 당하고 말았어.

온갖 어려움을 이겨 내고 신라를 무역의 중심지로 만든 개척 정신은 오늘날까지도 수많은 사람들에게 큰 가르침을 주고 있어.

"흠, 아마도 장보고는 부잣집 아들이었을 것 같아요."

선우가 끼어들었다.

"허허, 아니다. 그 반대지. 장보고는 남해안 완도라는 섬의 가난한 집에서 태어났어. 자라면서 부모님을 도와 물고기도 잡고 농사도 지었단다."

"정말요? 돈도 많고 공부도 많이 한 줄 알았어요."

"수지야, 장보고는 가난해도 언젠가 훌륭한 사람이 되겠단 꿈을 꾸며 활쏘기와 무예* 연습을 게을리하지 않았어. 장보고는 어찌나 활을 잘 쏘았는지 '활 잘 쏘는 사람'이란 뜻으로 궁복이라 불릴 정도였다는구나. 동네 친한 동생 정년과 늘 함께였지."

"흐흐, 저두 친구들이랑 노는 게 가장 재밌어요."

선우가 활짝 웃으며 말했다.

"그래, 항상 너랑 놀아 주는 나 같은 친구가 있으니 얼마나 좋니? 선우 너 나한테 좀 더 잘해라."

"수지 너야말로 나 같은 친구가 있단 걸 감사해라!"

선우는 수지보다 더 큰소리를 쳤다.

"이런, 좋은 친구들이 싸우면 되나. 장보고와 정년처럼 사이좋게 지내야지. 그 둘은 꿈마저도 같았는데."

"무슨 꿈이었는데요?"

선우가 궁금해하며 물었다.

"당나라에 가서 벼슬하는 거였어. 신라는 신분 제도가 엄격해서 귀족이 아니면 벼슬을 할 수 없었거든."

"에고, 말도 다르고 사는 것도 다른 나라에 갈 생각을 하다니……. 참 대단해요."

신라의 신분 제도와 생활

귀족 중심의 골품 제도

당시 신라 사회에는 부모님의 신분을 물려받는 골품이라는 신분 제도가 있었단다. 부모 모두가 왕족이면 성골, 한쪽만 왕족이면 진골이 되었어. 그리고 귀족과 일반 백성을 6두품에서 1두품으로 나누었지. 숫자가 클수록 신분이 높았어.

진골에서 4두품까지만 벼슬을 하여 관리가 될 수 있었는데 그 가운데에서도 왕족인 진골만이 높은 벼슬을 할 수 있었어. 일반 백성들은 능력이 뛰어나도 벼슬을 할 수가 없었단다. 골품에 따라 입는 옷의 빛깔, 종류, 집의 크기, 일상생활의 용기까지도 달리 사용해야 했지.

신라 말 백성의 삶

7세기 무렵 성골들이 없어져서 진골이 왕이 되기 시작했어. 이들은 화려하고 편안하게 살았지. 3~1두품까지의 품계는 구분이 사라지고 다 같은 백성 취급을 받았어.

백성들은 조세와 군역 때문에 힘들게 살았단다. 757년 경덕왕 때부터 농민들은 나라뿐 아니라 귀족에게도 세금을 내야 했거든. 게다가 귀족이나 호족*들은 농민에게 땅을 빼앗아 재산을 늘려 나갔지. 땅이 없는 농민은 다른 사람의 땅을 빌어 농사를 짓거나 노비, 유랑민으로 떠돌다 도적이 되기도 했어. 가난과 배고픔을 피해 당나라와 일본으로 이민을 가기도 했단다.

◀ 신라 사람이 살던 집 모양을 짐작할 수 있는 토기야.

◀ 경주 용강동 돌방무덤에서 나온 문관 토기 인형이야. 신라 진골의 옷차림을 짐작할 수 있어.

"수지야, 차분히 준비하면 무서울 거 하나도 없어. 나도 요즘 뉴욕 2호점을 위해 영어 공부를 하잖니."

어느새 왔는지 만물상 앞에 꽃돼지네 분식집 아주머니가 영어 책을 들고 서 있었다. 아주머니는 책장을 펼치며 할아버지에게 내밀었다.

"만물상 할아버지, 요 문장 뜻이 통 이해가 안 돼서 여쭈려고 왔어요."

할아버지가 설명해 주자 꽃돼지 아주머니 표정이 밝아졌다.

"허허, 아주머니. 우린 지금 세계를 누빈 장보고 얘길 하고 있었어요. 장보고가 정년과 함께 당나라에 간 얘길 들려주려던 참이었지요."

"할아버지, 장보고와 정년이 진짜 당나라로 갔어요?"

수지가 물었다. 할아버지가 고개를 끄덕였다.

"배를 타고 며칠 동안 힘들게 가서 당나라 산둥 반도의 항구에 도착했단다. 막상 배에서 내리고 보니 말도 알아들을 수 없고 무엇을 해야 할지 몰랐지."

"저도 처음 서울 올라왔을 때가 생각나네요. 참 막막했는데……. 그때 같은 고향 사람을 만나 일자리를 구하지 못했다면 어찌 됐을지 몰라요."

꽃돼지 아주머니가 말했다.

"장보고와 정년도 거리를 헤매다가 다행히 신라 사람을 만났지요. 그 사람 덕분에 신라방도 알게 됐고요."

"신라방요? 무슨 게임방이에요?"

"하하하, 선우야. 설마 그때 게임방이 있었겠니?"

수지가 깔깔깔 웃었다.

"신라방은 당나라에 온 신라 사람들이 모여 사는 마을이었단다. 교통이 편리한 대운하 주변과 산둥 반도에 모여 농사를 짓거나 숯을 굽고, 배로 장사를 하며 서로 돕고 살았지."

"아, 그렇구나. 헤헤."

선우가 멋쩍어했다.

"장보고와 정년은 신라방에서 살아남기 위해 열심히 일했단다. 활과 창 연습도 열심히 하고."

"그래서 무술 대회에서 당나라 사람들을 제치고 우승했잖아요. 그 덕분에 당나라 군대도 들어갔지요?"

꽃돼지 아주머니가 말했다.

당나라의 신라 사람들

신라 사람들, 마을을 이뤄 살다

676년 신라는 삼국을 통일한 후 당나라와 더욱 활발하게 교류했어. 많은 신라 사람들이 당으로 건너갔단다. 나라의 명으로 볼일을 보러 가거나, 유교와 불교에 대해 좀 더 공부를 하기 위해 가기도 했어. 신라의 물건을 당에 팔기 위해 가는 사람도 많았지. 당나라에 들어간 신라인은 계층도 다양했어. 그 결과 중국 동해안의 산둥 성 같은 지역에 신라인이 모여 살기 시작했어. 이곳을 신라방이라 불렀단다. 이들은 스스로 질서를 유지하기 위해서 신라소라는 관청도 설치했지.

당나라에서 신라 사람은 뭘 하고 살았을까?

▲ 신라방이 있던 중국 적산포 전경이야.

신라방은 장보고가 해상 무역을 하면서 자리를 잡고 더욱 발전할 수 있었단다. 신라방은 주로 바다 근처 도시에 있었기 때문에 그곳에 사는 신라 사람들 대부분은 상업과 해운업을 하며 살았어. 신라 사람들의 활동이 활발해지면서 배를 만들고 수리하는 일도 발달했지. 당나라에 온 외국 사람들을 목적지까지 실어다 주고 현지 사정을 알려 주는 통역사*도 있었어. 당나라의 관리가 된 신라인들도 종종 있었고. 이에 비해 신라방이 자리한 성 바깥 시골 마을인 신라촌 사람들은 주로 농업과 어업을 했단다.

▲ 독립기념관에 재현해 놓은 당나라 신라방 모형이야.

장보고가 진압한 반란

장보고가 당나라 소속 무령군에 있을 때, 반란을 진압해서 공을 세웠어. 진압한 반란은 고구려 유민이 일으킨 반란이었어. 한 나라를 세울 정도로 세력이 컸지. 장보고가 왜 같은 민족을 억눌렀냐고? 당시 신라와 고구려는 적대적인 관계였거든.

당나라의 입장에서는 반란이었지만, 우리 민족 역사의 한 부분이니 짚고 넘어가자.

당나라 땅에 고구려 후손의 나라를 세우다

755년경 당나라 국경 지방에서 안녹산*이 반란을 일으켰어. 당나라 황제가 도망갈 정도의 큰 반란이었지. 이때 고구려 사람의 후손인 이정기가 산둥 반도로 와서 안녹산의 난을 평정하고 절도사가 되었단다.

당나라에 충성을 바칠 것 같았던 이정기는 고구려 후손이라며 중국 안에 고구려를 세우겠다고 선언했어. 이렇게 산둥 반도에 세워진 제나라는 이정기와 아들, 손자 3대를 거치며 영토를 넓혔어. 그 영토가 신라보다 컸지. 당나라에 두 명의 황제가 있다고 소문날 정도로 세력이 컸다는구나.

50여 년 동안 세력을 키워 가던 제나라는 마지막 왕 이사도에 이르러 약해졌어. 이 틈을 놓치지 않고 당나라는 신라의 지원군 3만 명과 장보고가 들어간 무령군을 보내 이들을 진압했지.

"네, 무령군이란 군대였어요. 당시 당나라는 여기저기에서 반란이 일어나서 나라가 어지러웠는데, 무령군은 반란군에 맞서 맨앞에서 싸웠지요."

할아버지 말에 꽃돼지 아주머니가 덧붙였다.

"장보고는 반란군을 무찌르고 무령군의 장군까지 되었잖아요. 신라 귀족들도 오르기 힘든 자리였는데요."

"신난다! 장보고도 불행 끝 행복 시작이었겠네요."
수지가 말했다.

"그럼 얼마나 좋았겠니. 그런데 장보고를 마음 아프게 하는 일이 있었어. 아무 죄 없이 해적들한테 잡혀 당나라에 노예로 팔려 온 신라 사람들을 만났거든."

"신라 사람들이 노예로 팔렸다고요?"
선우가 두 주먹을 불끈 쥐고 벌떡 일어났다.

"그래. 당시 신라는 왕 자리를 놓고 귀족들이 싸움을 벌이느라 백성을 제대로 돌보지 못했어. 그 사이를 틈타 당나라 해적들이 제멋대로 약탈을 한 거야."

"저는 해적들이 죄 없는 사람을 납치해 파는 데도 당나라 조정이 가만있었다는 것도 화나요."

할아버지 말에 꽃돼지 아주머니가 씩씩거렸다.

"으으으, 나쁜 해적들 내가 가만 안 두겠어."

"아마 장보고도 선우랑 똑같이 말했을 것 같구나. 당 조정도 나서질 않으니 장보고는 직접 해적을 없애야겠다고 생각했어. 그래서 산둥 반도를 중심으로 사람들을 모아 군사 훈련을 시켰단다."

"그럼 무령군은 어떻게 하고요?"

수지가 물었다.

"무령군에 계속 있을 수가 없었어. 반란군을 진압한 당나라가 군사를 줄이려 했거든. 장보고는 이참에 군대에서 나와 무역을 해야겠다고 결심했지. 그동안 산둥 반도에서 세계 여러 나라 상인이 물건을 사고파는 걸 관심 있게 지켜봤거든."

"얘들아, 장보고 정말 대단하지? 신분의 벽을 깨기 위해 당나라에 오더니, 군인을 계속하기 어려운 상황이 되자 장사까지 하고. 너무 멋진 분이야."

꽃돼지 아주머니가 말하자 할아버지가 덧붙였다.

"해적까지 무찔러서 당과 신라를 오가는 바닷길이 좀 더 안전해졌지요."

"아이고, 그러고 보니 우리 가게는 안전한가? 제가 가게를 너무 오래 비웠네요. 장보고 얘기에 빠져서 그만. 그럼 저 먼저 가요."

꽃돼지 아주머니가 손을 흔들며 밖으로 나갔다.

"**장**보고는 장사를 잘했나요? 장군이 장사를 하다니 좀 뜬금없는 거 같은데요."

선우가 물었다.

"장보고는 훌륭한 장사꾼이었어. 중국 산둥 반도의 항구 적산포에서 무역을 하면서 세력을 키우고 돈도 많이 벌었단다. 큰 절까지 세웠는걸."

"절이요? 에이, 저 같으면 집을 더 크게 짓고 먹을 것도 많이 사 뒀을 텐데."

선우가 말했다.

"장보고는 고향을 떠나와 사는 사람들의 마음을 그렇게라도 달래 주고 싶었던 거야. 장보고가 한 일을 보면 장보고의 꿈은 재산을 모으는 게 다가 아니었나 보더라."

수지와 선우가 고개를 끄덕였다.

"장보고가 지은 절은 어땠는지 궁금해요."

"장보고는 신라 사람들이 모여 살던 적산촌에 절을 지었어. 신라의 절을 본떠서 말이야. 당나라에는 신라에서 온 목공과 석공들이 있어서 모두가 한 마음으로 절을 세웠지. 그리고 절 이름을 법화원이라 지었어."

수지는 멀리 떨어진 나라에서 한마음이 되어 절을 짓는 신라 사람들과 그들을 이끌어 주는 장보고를 떠올렸다. 가슴이 뭉클해졌다.

"장보고 인기가 엄청 많았겠어요. 잘생긴 저처럼요."

선우가 어깨를 으쓱했다. 수지가 풋 하고 웃었다.

"선우야, 진정한 인기는 외모가 아니라 마음에서 시작되는 거다. 장보고는 절을 지어 놓기만 한 게 아니라 신라에서 오는 사람들이 법화원에 들러 여러 날 묵고 갈 수 있게 했단다. 그러다 보니 법화원은 언제나 신라 사람들로 북적거렸고 장보고는 이들에게 밥을 해 주기 위해 그 주위의 땅을 사들여 농사까지 지었지."

"와, 장보고는 정말 다른 사람들을 잘 배려했군요. 선우야, 진정한 인기의 비결, 이젠 알겠지?"

수지가 선우를 타이르듯 말했다.

 # 일본과 중국에 널리 알려진 장보고

법화원은 우리의 안식처

장보고는 무역을 해서 번 돈으로 산둥 반도 적산촌에 법화원이라는 절을 지었단다. 법화원은 신라인들에게 정신적으로 위안을 주고 하나로 뭉치게 해 주었지. 법화원은 1년에 곡식 5백 섬을 거둘 수 있는 토지를 가진 큰 절이었어.

규모에 걸맞게 법화원에는 신라인뿐 아니라 당나라 사람, 당나라를 찾는 일본인, 그리고 상인과 관리들이 머물렀어. 이들은 장보고의 보살핌으로 편안히 머무를 수 있었단다.

법화원의 대접에 감동한 승려

3대 동양 여행기 중 하나인 《입당구법순례행기》를 쓴 주인공 엔닌은 일본의 승려로 당나라를 여행할 때 법화원에 머물며 장보고에게 큰 도움을 받았단다. 장보고를 칭송하는 엔닌의 편지에 장보고가 얼마나 훌륭한 인물인지 잘 나와 있어.

"보잘 것 없는 이 사람은 대사님이 지으신 축복된 터전에 머물 수 있어 너무나 큰 행운이었습니다."

엔닌은 10년간의 당나라 여행을 마치고 귀국할 때도 신라 선원들의 도움을 받아 수많은 불교 관련 책을 가지고 무사히 일본으로 돌아갈 수 있었어.

▲ 법화원은 신라 사람들이 모여 운영을 했어. 그야말로 당나라 안의 작은 신라라고 할 정도였단다.

◀ 엔닌(794~864년)의 모습이야.

"그럼 신라에서도 장보고를 잘 알았겠네요?"

선우가 물었다.

"그렇지. 아주 유명했지. 그래서 장보고가 신분이 낮은데도 신라의 흥덕왕*을 만날 수 있었던 거란다."

"장보고가 신라의 왕을 만났다고요? 그럼 장보고가 신라로 돌아온 건가요? 우아, 잘됐다."

선우가 손뼉을 쳤다.

"하지만 장보고는 이미 당나라에서 부족한 거 없이 잘 살고 있었는데 어째서 신라로 돌아온 거예요? 거기다 신라는 귀족이 아니면 벼슬도 할 수 없다고 하셨잖아요."

"그래. 수지 말이 맞다. 장보고라면 당나라에서 모르는 사람이 없을 정도였어. 그런데도 장보고는 왜 신라로 돌아왔을까?"

만물상 할아버지가 그윽한 눈길로 선우와 수지를 바라보았다.

"신라 사람들을 위해서요!"

선우가 크게 대답했다. 만물상 할아버지가 빙그레 웃음을 지으며 고개를 끄덕였다.

"아무리 장보고가 해적들을 휩쓸어 없애 버렸다고 하지만 남은 해적들이 여전히 설치고 있었어. 해적들은 신라 사람들을 잡아다 당나라에 노예로 팔았단다. 거기다 흥덕왕 3년인 828년엔 신라에 큰 흉년이 들어서 사람들은 더욱 굶주렸어. 왕실도 문제가 많았고. 장보고는 어떻게든 자신의 힘이 신라에 쓰이길 바라며 신라로 향했단다."

"당나라로 같이 떠났던 정년은 어떻게 됐어요? 함께 돌아왔어요?"

수지가 물었다.

"아니란다. 정년은 당나라에서 군인으로 남고 싶어 했거든."

"쩝, 아쉽네요. 단짝이었는데. 그래두 장보고는 신라에 돌아와 워낙 환영받아서 외롭진 않았을 거예요."

선우가 말했다.

"그래. 장보고는 흥덕왕에게 극진한 대접을 받았어. 장보고는 신라의 바다를 지키고 싶다고 말했지. 노예로 잡혀가는 신라 사람들을 구하고 싶다고. 흥덕왕은 잘되었다고 생각했어. 중앙 벼슬을 달라고 했다면 골치가 아팠을 테니까. 흥덕왕은 장보고에게 대사라는 직함을 주고 군사 1만 명 정도를 거느리고 바다를 지키게 했어. 장보고는 완도에 진을 만들고 그곳을 청해진이라고 불렀지."

이때 선우가 물었다.

"잠깐만요. 아까는 귀족이 아니면 벼슬을 할 수 없다고 하셨잖아요? 그런데 어떻게 대사라는 벼슬을 할 수 있었던 거예요?"

선우가 도통 모르겠다는 표정을 지었다.

"대사란 임금의 말을 전하는 사람이야. 벼슬이라고 할 수 없는 직책이었어. 그러니 귀족들도 뭐라 하지를 못했지."

할아버지가 대답했다.

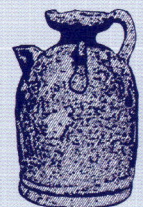 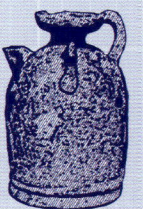

국제 무역의 중심지 청해진

청해진 대사가 되다

'대사'라는 벼슬은 원래 신라에는 없었어. 장보고가 신라 귀족이 아니었기 때문에 별도의 벼슬을 새로 만들어 낸 거야. 장보고는 흥덕왕이 내려 준 군사를 이끌고 고향인 완도로 내려왔지. 장보고는 군사를 더 모아 훈련시키며 청해진을 건설했단다.

청해진 유적

청해진 앞바다는 물살이 아주 거세고 주변의 바닷물과 물살이 달랐기 때문에 해적들이 공격해 들어오기 어려웠어. 장보고는 나무 울타리인 목책을 세워 적이 침입하지 못하게 하고 섬 둘레에 토성을 지어 바다 위를 다니는 배들을 살피고 해적들을 감시했어.

국제 무역에 필요한 시설들도 많이 지어 무역이 활발하게 이루어질 수 있도록 했단다.

▲ 청해진 둘레에 쌓은 토성*의 단면이야. 흙과 돌을 켜켜이 쌓아 만든 걸 알 수 있어.

"장보고는 왜 하필 완도에 청해진을 만들었을까요?"

수지가 물었다.

"완도는 우리나라 남해안을 지나다니는 배들을 지켜보기 딱 좋은 자리일 뿐 아니라 중국에도, 일본에도 바닷길로 바로 갈 수 있는 요충지*였거든. 장보고는 청해진에 성과 부두를 만들고 군사를 모아 전투 기술을 가르쳤어. 물론 우리 바다에 알맞은 배도 만들었지."

"우리 바다에 맞는 배가 따로 있어요?"

"하하하, 선우야. 배는 쓰임에 따라 모양도, 만드는 방법도 다 다르단다."

"에헤헤, 그렇구나. 몰랐어요."

선우가 머리를 긁적였다.

"장보고와 같은 훌륭한 지도자에 잘 훈련된 군사, 그리고 뛰어난 배까지. 해적들이 혼쭐이 났겠네요."

수지가 흥분된 목소리로 말했다.

"그래. 장보고는 신라 사람의 물건을 빼앗고 신라 사람을 잡아다 노예로 팔아먹던 해적들을 없애 나갔지."

"드디어 장보고가 지키는 우리 바다에 평화가 찾아왔겠네요."

수지가 안도의 한숨을 토해 냈다.

장보고가 이용한 신라의 배

장보고의 무역선

장보고가 바다를 개척할 수 있었던 것은 바로 '신라 배'가 있었기 때문이야. 장보고의 무역선은 작지만 날렵하고 파도에 강하게 만들어졌지.

신라 배의 특징 중 가장 두드러진 것은 배 바닥의 모양이야. 배 바닥이 뾰족해서 파도를 잘 헤쳐 나가고 날렵했단다.

그뿐 아니라 신라 배는 아주 튼튼해서 난파* 되는 경우가 드물었어. 칸막이를 여러 개 덧대어 만들어 배의 한쪽이 부딪혀 파손돼도 가라앉지 않도록 만들었기 때문이지. 오늘날 우리 조선업이 세계 1위를 할 수 있는 것도 조상들의 잠재력이 숨어 있기 때문일 거야.

장보고의 항해술

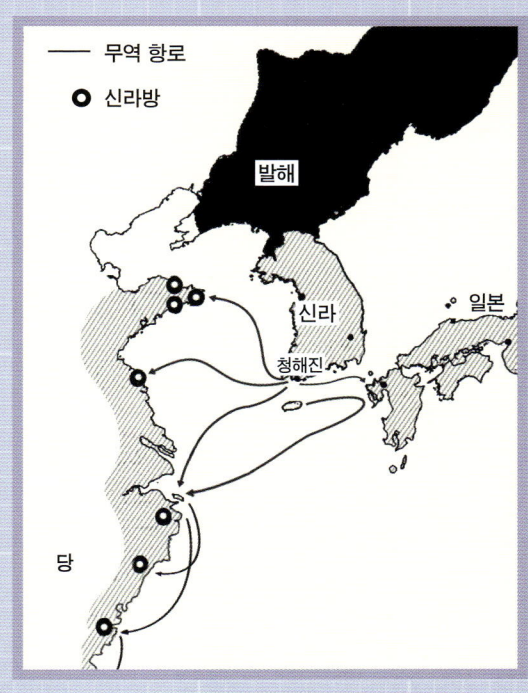

◀ 장보고의 무역 항로

◀ 장보고 무역선 모형이야.

장보고가 무역 활동을 잘할 수 있었던 또 다른 비결은 뛰어난 항해술* 이었어. 장보고가 살던 때에는 나침반이 없었기 때문에 항해 지도를 만들어 사용했는데, 장보고는 바람의 방향, 바닷물의 흐름, 밀물과 썰물 등을 잘 파악해서 바다를 마음껏 누볐단다.

장보고는 이 항해술로 해류와 바람이 다른 한반도 남해와 서해, 남중국해 등을 하나의 항로로 엮었어. 그야말로 항해술의 천재지. 장보고는 단순한 무역 선단을 넘어 전문 항해사들까지 키워 냈어.

신라인들의 뛰어난 항해술은 《속일본후기* 》라는 일본의 고서에도 잘 나타나 있단다.

25

"할아버지, 안녕하세요! 이 옷 좀 입어 봐 주세요."

황학동 시장에서 옷을 파는 이나리 아가씨가 옷 한 벌을 들고 찾아왔다.

"이번에 진짜 좋은 원단*을 찾았거든요. 이탈리아로도 수출되는 국산 원단인데요, 조끼로 만들었어요."

"허허, 이거 아주 포근하군. 내가 젊었을 땐 외제가 인기 있었지만, 요즘엔 우리나라 게 세계적으로 인기 있지. 무역이란 게 참 재밌어. 그래서 장보고도 무역에 푹 빠졌나?"

"아, 장보고요? 저도 장보고 같은 사람이 있으면 얼른 결혼할 텐데요. 장보고는 당나라와 일본뿐 아니라 멀리 인도나 아라비아의 물건에도 관심이 있었잖아요. 그야말로 세상을 무대로 무역을 한 사나이죠."

이나리 아가씨는 주변에 장보고 같은 남자가 없다며 아쉬워했다.

"저 정했어요, 장보고 같은 사람이 되기로."

"하하하! 그래, 선우야. 미래의 인재는 장보고처럼 세계를 보는 눈이 있어야 하지. 장보고는 미리 산동 반도 지역에 자리를 잡고 있던 터라 당나라 물건을 구하기가 쉬웠단다. 장보고는 당나라에 장삿배를 자주 보내 당나라의 물건을 구해 신라로 들여왔어."

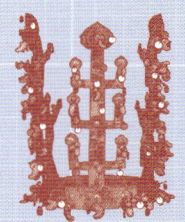 # 신라의 국제 무역

신라에는 통일 전부터 그리스, 로마 같은 서양의 물건이 들어왔어. 통일을 이루고 난 뒤에는 삼국의 문화를 흡수하고 나아가 일본, 당나라와 중앙아시아를 넘어 이슬람 세계와도 활발히 교류했단다.

신라에 온 신기한 서역의 물건들

5세기경부터 들어온 것으로 보이는 서양의 물건들이 신라 무덤에서 여럿 발견되었어.

장보고의 무역품

신라는 당나라, 일본뿐 아니라 서아시아의 여러 나라와도 무역을 했어. 정확하게 무엇을 사고팔았는지 기록은 남아 있지 않아서 역사서를 보고 짐작만 할 뿐이야. 그럼 장보고가 사고판 물건과 신라에 들어온 신기한 물건 구경 좀 해 볼까?

당나라에서 수입한 물건 : 당나라 비단, 우즈베키스탄 에메랄드(슬슬), 페르시아 모직물, 책, 청자
신라가 수출한 물건 : 금은 세공품, 불상, 청자

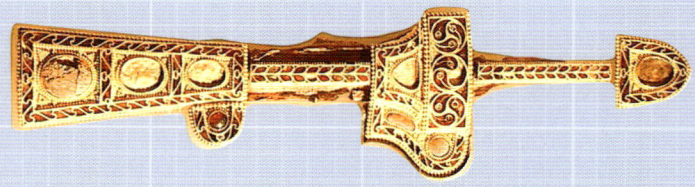

▲ 황금 보검 : 경주 계림로 14호분에서 나온 유물이야. 이런 보검은 그리스, 로마, 이집트, 서아시아에서도 발굴되었지. 당시 신라가 그만큼 외국과 활발하게 교류했다는 뜻이야.

▶ 금동 약사불 입상 : 신라는 당나라에 이런 불상을 수출했어.

▲ 머리 장식용 대모 빗 : 거북 등껍질(대모)로 만들고 서역에서 들어온 에메랄드(슬슬)로 장식한 빗이야. 이런 사치품은 왕족이 썼을 것으로 짐작돼.

◀ 봉황 모양 유리병 : 신라 왕족의 무덤에서 나온 유리병이야. 그리스 양식으로 만들어졌는데 지중해 동부 연안에서 만들어져 비단길을 거쳐 신라까지 온 것으로 짐작된단다.

"그때는 뭘 사고팔았어요?"

수지가 물었다.

"장보고는 당나라에서 비단이나 책, 청자 같은 걸 수입해 왔대. 중앙아시아의 보석이나 페르시아의 모직물도 들여왔고. 이 물건들이 워낙 귀한 거라 신라 귀족들이 앞다투어 사들였대."

"나리 양이 잘 설명해 주네. 당나라에는 신라에서 가져간 신라의 인삼, 금은 세공품을 팔았지."

"신라의 금은 세공은 정말 뛰어나지요. 서아시아 옛 문서에도 나올 정도잖아요. 신라는 개도 금목걸이를 하고 다닌다고 적혀 있다더라고요. 맞나요?"

"개도 금목걸이를 하고 다닌다고요?"

이나리 아가씨 말에 선우가 놀라서 소리를 질렀다.

"허허, 정말 깜짝 놀랄 말이지? 이 할아버지는 그 사람들이 신라의 금 세공품을 보고 깊은 인상을 받아서 그런 말을 남겼을 거라 짐작하고 있단다. 지금 우리가 봐도 신라 금관이나 귀걸이는 너무 멋지잖니."

"네, 저도 경주에 여행 가서 봤는데 지금처럼 기계가 발달하지 않았는데도 어떻게 그렇게 세밀하게 만들었을까 놀라웠어요."

수지가 말했다.

"콜록, 우리 녹차라도 마시며 이야기 하자꾸나."

만물상 할아버지가 차를 준비해 왔다. 마침 목이 마르던 선우와 수지는 차를 조용히 마셨다.

"얘네들이 이 찻잔이 장보고와 관련 있는 걸 알면 또 깜짝 놀라겠는걸요."

이나리 아가씨가 선우와 수지에게 은은한 푸른빛 찻잔을 들어 보이며 말했다.

"허허, 그렇지. 그 얘길 빼놓을 수 없지. 장보고가 팔아서 당나라, 신라, 일본에 히트 친 상품이 뭔지 아니? 아까 처음에도 얘기했는데."

"찻잔요!"

수지가 냉큼 대답했다.

"허허, 정확히 말하면 청자란다. 아까 푸르스름한 청자 보여 줬었지?"

"아! 기억나요."

"저두요."

수지가 말하자 선우도 대답했다.

"그게 바로 청자 찻잔이란다."

"네? 국 그릇 아니었어요?"

선우가 깜짝 놀라 물었다.

"호호호, 그래. 그때 찻잔 모양이 그랬어. 모양이나 색도 점점 발전해서 푸른빛 고려청자가 된 거란다."

"아! 사람들은 왜 그렇게 청자 찻잔을 좋아했어요?"

수지가 물었다.

"투박한 토기보다는 옥색을 닮은 청자 찻잔에 차를 마시는 게 훨씬 멋져 보였겠지. 그렇게 찾는 사람은 많은데 당시 이 청자를 만들 수 있는 건 당나라뿐이었어."

"그걸 보고 직접 청자를 만들겠다고 생각다니, 정말 저도 장보고의 사업가다운 안목*을 닮고 싶어요."

이나리 아가씨가 두 손을 모으고 기도하듯 말했다.

"나리 양도 이미 훌륭한 사업가야. 지난번 젊은이를 위한 갈옷도 디자인하구 늘 새로운 시도를 하잖아."

"호호호, 고맙습니다."

"장보고가 만든 청자가 잘 팔렸어요?"

수지가 물었다.

"다행히 인기가 많았대."

이나리 아가씨가 대답했다.

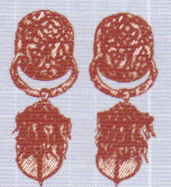 # 이슬람 세계까지 알려진 신라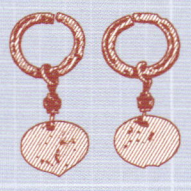

이슬람 세계에 소개된 신라

아라비아 반도 등 여러 이슬람 세계의 고문서에 보면 신라 지도와 함께 신라는 금이 풍부하고, 흰 매로 사냥을 하며, 비단 짜기와 금세공 기술이 뛰어나다고 소개되어 있어. 배로 오랫동안 항해해야 갈 수 있었던 이슬람의 고문서에 신라가 소개되어 있다는 건 그만큼 무역이 활발히 이루어졌다는 얘기지.

신라의 외국인들

이슬람 사람들은 당나라, 신라와 유럽을 잇는 상인 역할을 했단다. 그들은 신라를 날씨도 좋고, 길도 깨끗해서 아주 살기 좋은 곳이라고 묘사했어. 그래서 한번 신라에 도착하면 잘 떠나지 않으려 했다는구나.

특히 장보고 활동 무렵에 만든 왕 무덤 주변에서는 머리에 이슬람 사람들이 쓰는 터번을 두르고 서역 사람들이 입던 옷을 입은 조각상들을 볼 수 있어. 그만큼 서역과 교역이 활발했다는 사실을 알 수 있단다.

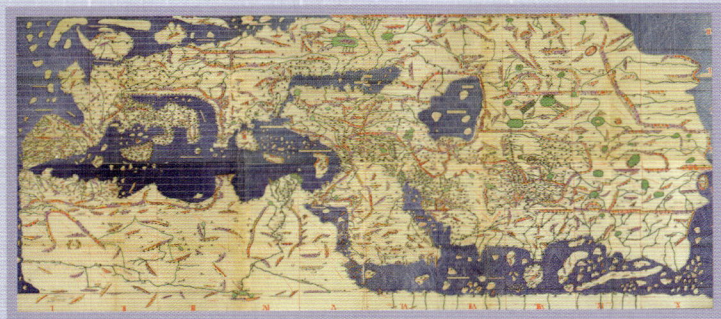

▲ 이드리시라는 이슬람 지리학자가 그린 지도를 현대식으로 복원한 지도야. 오른쪽 아래의 작은 섬들 몇 개가 신라로 표시돼 있어.

▲ 금으로 만든 신라 관모*와 귀걸이야. 신라의 금속 공예술이 얼마나 훌륭했는지 알 수 있지?

◀ 경주시 원성왕(재위 785~798년) 무덤에 있는 무인상이야. 높은 코, 무성한 수염, 곱슬곱슬한 머리카락이 서역 사람임을 알게 해 주지.

 # 수출 물품을 개발하다

세계의 첨단 제품, 웨저우 요 청자

당나라, 신라, 일본 사람들은 차를 많이 즐겼어. 차와 어울리는 청자 찻잔도 덩달아 인기가 하늘을 찔렀지. 오늘날로 치면 청자 찻잔은 명품이었어. 당나라 웨저우 요*에서 나는 청자가 유명했는데, 올리브색이 나는 웨저우 요 청자는 세계 사람들을 매혹시켰어.

그런데, 이 청자를 만들기는 너무 어려웠어. 가마 온도를 무려 1,200도 이상으로 끌어올려 잘 맞춰야 하고, 유약에 철분이 너무 적지도 많지도 않게 들어 있어야 아름다운 색이 나왔지.

첨단 제품, 청자를 직접 만들다

▲ 도자기 바닥에 태양 주변에 동그랗게 형성되는 띠인 해무리 모양이 있는 도자기를 해무리굽 청자라고 해. 중국에서 5세기경에 생산되던 물품이었는데 장보고가 강진에서도 만들었다고 추측돼.

당나라 말고 세계 그 어디에서도 도자기를 만들지 못하고 있었어. 다른 나라들은 청자를 수입해 쓸 생각만 하고 있었던 것 같아.

하지만 장보고는 과감하게 청해진에서 배를 타고 1시간 안에 도착할 수 있는 강진에 가마터를 만들고 당나라에서 직접 자기 기술자를 데려와 청자를 만들게 했어. 이후 강진의 청자 기술은 더욱 발전해서 고려 시대에는 송나라 사람이 깜짝 놀랄 만큼 아름다운 청자를 만들어 냈단다.

▲ 9세기경 당나라의 웨저우 요에서 만든 청자 찻주전자와 찻잔이야.

"**장**보고는 외국 물건을 들여오고 신라 물건을 팔 뿐 아니라 당나라와 일본을 오가며 중계 무역*도 했단다."

"중계 무역이요? 할아버지, 그게 뭔데요?"

선우가 물었다.

"응, 당나라에서 물건을 수입해 일본에 가서 파는 식으로 무역하는 걸 말한단다."

"장보고의 무역선으로 물건만 실어 나른 게 아니었죠? 사람도 장보고 무역선을 타고 왔다 갔다 했잖아요. 때로는 나라끼리 주고받는 중요한 편지를 전하기도 했고요."

"우아, 정말 청해진은 바쁘고 활기 넘쳤겠네요."

이나리 아가씨 얘기에 수지가 말했다.

"그렇지. 장보고는 자신의 무역선을 타거나 청해진에 들렀다 가는 사람들을 극진히 대접했어. 그러다 보니 신라뿐 아니라 당나라와 일본에 장보고의 이름이 널리 알려졌지. 그러면서 장보고는 신라를 대표하는 해상왕이 된 거야. 청해진은 동아시아 무역의 중심지가 되었고."

"저도 세계로 나가 우리나라를 알리는 세계적인 디자이너가 되고 싶어요."

이나리 아가씨가 주먹을 부르쥐며 말했다.

"벌써 새로운 디자인이 떠올라요. 청자를 활용한 옷이! 잊기 전에 어서 가서 스케치북에 그려야겠어요."

나리 아가씨는 인사를 하고는 뛰어나갔다.

바다를 주름잡은 장보고 선단

무역을 통해 부강한 나라를 만들자

흥덕왕릉비 조각에는 무역지인간(貿易之人間)이라는 글귀가 보인단다. '무역을 하는 사람'이라는 뜻의 한자야.

이런 문구가 흥덕왕릉비에 새겨져 있던 이유는 무엇일까?

흥덕왕은 무역의 중요성을 알고 있었던 거란다. 흥덕왕은 신라를 부강한 나라로 만들기 위해 장보고와 힘을 합쳐 무역을 하려 했던 거야.

규모가 큰 장보고 선단

장보고는 '대사'라는 독특한 벼슬을 가지고 청해진을 중심으로 중국 해안 도시와 신라방, 신라촌을 연결해서 해상 무역을 이끌어 갔단다.

당나라뿐 아니라 일본, 그리고 이슬람 지역은 물론 동남아시아 상인들과도 거래를 했지.

당나라로 무역선을 이끌고 가서 물건을 사 오는 사람을 대당 매물사라고 했는데 대당 매물사를 통해 물건을 사고파는 장보고 선단은 상당히 규모가 컸을 것으로 추측된단다.

지리 서적 《택리지*》에 보면 '당나라 때 신라 사람이 바다를 건너서 당나라에 건너가는 모습이 지금 통진 건널목에 배가 잇따라 있는 것 같았다.'라고 기록되어 있거든. 통진은 지금의 김포 일대야.

일본의 승려 엔닌도 당나라에서 일본으로 돌아갈 때 신라 배 아홉 척과 바닷길을 잘 아는 신라 선원 60명을 구했다고 해. 장보고의 선단이 상당한 선박과 선원을 부릴 수 있었다고 짐작할 수 있단다.

▲ 흥덕왕릉비 조각에 나타나 있는 '무역지인간'이라는 문구로 보아서 당시 무역을 중요하게 여겼다는 걸 알 수 있단다.

"**할**아버지, 그때 신라 상황은 좀 좋아졌나요?"
선우가 물었다.

"아휴, 웬걸. 말도 아니었어. 통일 신라는 836년에 흥덕왕이 죽고 나자 권력 다툼이 심해졌단다. 흥덕왕에게 아들이 없었거든. 그때 왕이 몇 명이나 바뀌었더라?"

"신라를 사랑하는 장보고는 마음이 답답했겠어요."

수지는 혼란스러운 신라가 걱정되었다.

"장보고는 하루빨리 왕권이 바로 서고 백성이 잘 살기를 바랐지. 그러던 어느 날 장보고에게 흥덕왕의 조카였던 김우징이 찾아왔단다. 김우징은 왕의 자리를 노린 또 다른 흥덕왕의 조카 김제륭에게 쫓겨 도망 온 거였어."

"아, 무서워. 꿈에 무서운 귀신에 쫓겨 봐서 그 기분 알아. 그때 엄마가 따뜻하게 안아 주면 안심이 되곤 했는데……."

수지가 말했다.

"장보고도 수지 꿈속의 엄마 같았다고 할 수 있지. 김우징과 그의 식솔을 따뜻하게 맞아줬거든."

할아버지가 말했다.

"장보고도 저처럼 가슴이 따뜻한 남자였군요."

선우가 말했다. 수지가 코웃음을 쳤다.

"하지만 신라 궁은 여전히 살벌했단다. 김제륭은 신라 제43대 희강왕이 되었지만 1년 만에 그 아래 신하 김명이 반란을 일으켜 죽음을 맞고 말았어. 희강왕이 죽자 김명은 스스로 왕위에 올라 제44대 민애왕이 되었지."

"말도 안 돼, 왕이 되려고 서로 죽이다니."

선우가 가슴을 탕탕 쳤다. 수지는 한숨을 내쉬었다.

"왕이 되려고 귀족들이 싸우는 동안 신라 백성들은 점점 더 살기가 어려워졌을 거 같아요."

"그렇단다. 그러다 보니 장보고가 신라 백성들에게 위안이 되었지. 권력자들은 그런 장보고를 자기편으로 만들려고 애썼어."

"왠지 느낌이 안 좋아요. 서로 다른 쪽을 억누르기 위해 장보고를 이용하려 하는 것 같아요."

수지가 울상이 되었다.

"김우징은 김명이 반란을 일으켜 왕권을 차지한 걸 보고 있을 수만은 없었어. 그때 마침 당나라에 남아 있던 정년이 돌아왔단다. 장보고는 정년에게 군사를 주어 김우징을 돕게 했지."

"정년이 때마침 돌아와서 장보고가 정말 든든했겠어요."

"그렇지. 정년은 힘껏 싸워 김명을 처단하고 왕권을 김우징에게 넘겨주었단다. 김우징은 왕족으로 왕의 자리에 오를 자격이 있었거든."

"김우징이 왕이 되었다고요?"

선우가 깜짝 놀랐다.

"그래. 김우징이 제45대 신무왕이 되었단다. 신무왕은 장보고에게 2천 개 정도의 집을 다스리며 세금을 거둘 수 있게 해 주었어. 또한 실제 벼슬자리는 아니지만 명예 관직을 내리기도 했지."

"공을 세웠는데, 또 직함만 받다니 장보고가 실망했

을 거 같아요."

"맞아요. 왕위 다툼만 하던 귀족보다 장보고가 훨씬 훌륭한데."

수지와 선우가 한목소리를 냈다.

"사실은 신무왕이 장보고에게 약속을 한 터라 장보고는 그 약속에 기대를 걸었단다."

"어떤 약속이요?"

"김우징이 왕이 되면 장보고의 딸과 결혼하겠다고 약속했거든. 그렇게만 되면 장보고는 왕의 장인으로 귀족이 될 수 있었어."

"김우징이 약속을 지켰어요?"

선우가 물었다.

"김우징은 약속을 지키려 했지만 왕위에 오른 지 몇 개월 만에 병에 걸려 죽고 말았단다."

"아, 어쩌면 좋아."

수지가 안타까운 듯 탄성을 질렀다. 선우는 어이가 없어 아무 말도 할 수가 없었다.

"신무왕이 갑자기 죽고 그의 아들이 왕이 되었단다. 제46대 왕인 문성왕이었어. 문성왕 또한 장보고에게 은혜를 입은 터라 약속을 지키기 위해 장보고의 딸과 결혼하려고 했어."

"그런데 잘 안 된 건가요? 할아버지 목소리에 힘이 없으세요."

수지는 불길한 예감이 들었다.

"귀족들이 심하게 반대를 했지."

"장보고의 신분이 낮아서 그런 거군요."

"수지 말이 맞단다. 신하들은 장보고를 섬사람이라고 낮추어 부르며 장보고의 딸을 왕비로 들일 수 없다고 강력하게 맞섰지. 장보고의 세력이 커지면 자신들의 자리가 위태로워질까 봐 두려웠던 거야. 문성왕은 귀족들의 거센 반대에 부딪혀 결국 뜻을 굽히고 말았단다."

"장보고도 이 사실을 알았나요? 으으, 내가 그 시대에 살았다면 가서 알려주는 건데. 당나라로 돌아가서 잘 살면 되잖아요."

선우가 분한 마음에 씩씩거렸다.

"장보고도 이 소식을 듣고 분통을 터뜨렸단다. 정년은 군사를 일으켜 귀족을 치자고도 했지만 장보고는 조용히 고개를 저었어. 장보고는 사랑하는 신라를 등질 수가 없었던 거야. 장보고는 처음부터 신라 사람들을 마음에 두었던 거지, 귀족이 되는 것을 마음에 품은 것은 아니었으니까. 그런데도 왕실은 그걸 모르고 음모를 꾸몄단다."

"음모요?"

 # 장보고에 대해 기록한 고서

일본 승려 엔닌의 《입당구법순례행기》

《입당구법순례행기》는 일본인 승려 엔닌의 일기야. 여행기이기도 하지. 일본을 떠났다가 10년 동안 당나라를 여행하고 돌아올 때까지 보고 들은 것을 적었는데, 당시 동아시아 사람들의 생활을 잘 알게 해 주는 귀중한 자료란다. 마르코 폴로의 《동방견문록》, 현장의 《대당서역기》와 함께 세계 3대 동양 여행기로 꼽는단다. 우리나라와 관련이 있는 부분은 2권과 4권으로 장보고가 세운 적산 법화원에 대한 이야기가 실려 있어.

당나라 시인 두목의 《번천문집》

당나라 최고 시인으로 평가받는 두목*은 《번천문집》에 장보고 편을 따로 만들어 장보고의 일대기를 자세하게 들려주고 있어. 두목은 장보고가 머리가 똑똑하고 용감하다며 안녹산의 난 때 당을 위기에서 구해 낸 사람에 비유했어. 또한 동아시아에서 얼마나 성공했는지 적어 놓아 당시 장보고가 국제적으로 어떻게 인정받았는지 알 수 있게 해 준단다.

이외에도 중국의 《신당서*》, 일본의 《일본후기*》, 《속일본기》 등 여러 책을 봐도 장보고가 국제적으로 얼마나 이름난 사람이었는지 알 수 있지.

《삼국사기》, 《삼국유사》

장보고에 대한 이야기는 우리나라의 《삼국사기*》, 《삼국유사*》에 모두 전한단다.

하지만 다른 나라 기록에 비해 간략해서 아쉬워. 게다가 장보고가 딸을 신라 문성왕의 왕비로 만들려고 하다가 자신의 뜻이 받아들여지지 않자 반란을 일으키려 해서 자객을 보내 암살했다고 적혀 있어.

하지만 장보고가 실제로 반란을 일으켰는지는 확실하지 않단다.

> 제45대 신무왕이 왕이 되기 전 장보고에게 이르기를 "…네가 나를 위해 원수를 없애 주면 내가 왕이 되어 네 딸을 왕비로 삼겠다."고 하였다. …왕이 약속을 어긴 것을 원망하고 난을 꾀하자 …염장이 긴 칼로 죽이니…
>
> – 《삼국유사》 중에서

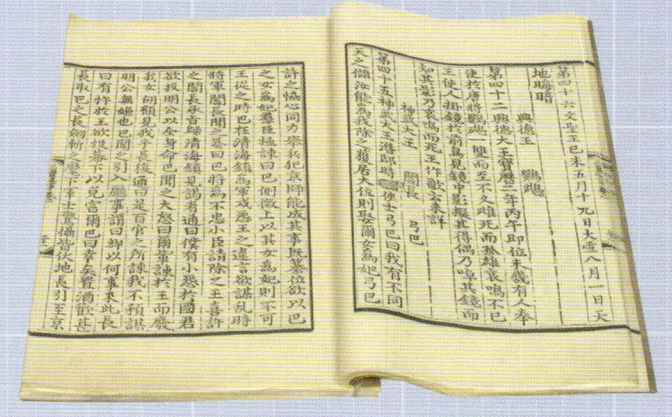

▲ 《삼국유사》에서 장보고에 대해 기록한 부분이야.

"문성왕은 고민에 빠졌어. 장보고와 약속을 지키지 않으면 믿음을 저버리는 것이고 약속을 지키면 신하들이 반발하니 어쩔 줄 몰랐지. 그때 염장이라는 장수가 자신이 직접 장보고의 목을 치겠다고 나섰어."

"으앙, 어떡해!"

수지가 두 손으로 얼굴을 감쌌다. 선우는 마른침을 꿀떡 삼켰다.

"문성왕은 골칫거리가 없어진다는 생각에 그만 허락을 해 주었단다. 염장은 청해진에 내려가서 귀족들을 피해 장보고 밑에서 일하고 싶다며 거짓말을 했어. 장보고는 잔치를 베풀어 염장을 대접했지."

수지와 선우는 이제 아무 말도 할 수가 없었다. 만물상 할아버지가 헛기침을 한 번 하고 이야기를 이었다.

"염장은 장보고가 술에 취한 틈을 타서 칼을 빼 들었단다. 장보고는 그만 숨을 거두고 말았지."

선우와 수지는 가슴을 움켜쥐었다. 장보고의 억울한 죽음이 너무나 가슴 아팠기 때문이다. 수지가 물었다.

"장보고의 부하들은 가만히 있었나요? 염장을 잡아야지요."

"반역을 일으켰다는 누명을 쓴 데다 너무 급작스럽게 일어난 일이라 부하들도 손을 쓸 수가 없었단다. 나중에 반란을 일으켰지만 그때는 이미 소용없게 되었지. 살아남은 사람은 당나라로 도망가거나 숨어 살았어."

"그럼 청해진이 염장의 손에 넘어간 거예요?"

"처음에는 그랬지. 하지만 장보고가 없는 청해진은 점차 쇠퇴했단다. 결국 851년에는 청해진 사람들을 벽골군으로 강제로 옮기고 청해진을 아예 없애 버렸어."

"너무 안타까워요. 발달했던 무역 중심지가 한순간에 사라지다니."

수지는 장보고의 죽음이 너무나 안타까웠다.

"그래. 장보고가 이루어 낸 해상 왕국이 그렇게 하루아침에 사라지고 말았지. 그러나 그게 끝은 아니란다."

"그건 무슨 말씀이세요?"

"지금까지도 장보고의 정신이 사람들 마음에 고스란히 남아 있잖니. 장보고 정신을 이어받아 해상 왕국의 명예를 되찾으려 애쓰고 있으니."

"저도 장보고 정신을 이어받아 훌륭한 해상왕이 될래요."

선우가 외쳤다.

"그래, 우리의 바다를 지키고 세계를 무대로 무역을 했던 해상왕 장보고처럼 우리도 열심히 해 보자고."

선우와 수지가 의지를 불태웠다.

"너희들이 우리나라를 해상 강국으로 만들어 주렴."

만물상 할아버지가 선우와 수지를 응원했다.

"해상왕이 나가신다 길을 비켜라!"

"좋아. 해상 여왕도 나가신다!"

수지도 힘껏 외쳤다.

바다를 지배하는 자가 세계를 지배한다

영국의 탐험가 월터 롤리는 "바다를 지배하는 자가 세계를 지배한다."라는 유명한 말을 남겼어. 그만큼 바다가 중요하다는 말이지. 장보고는 역사 속에서 이 사실을 우리에게 알려 주고 있어.

오늘날 세계는 지구촌이라 불릴 만큼 서로 가깝게 연결되어 있어. 경제, 식량, 교육 등 여러 면에서 그렇단다. 그래서 세계 여러 나라 사이의 교류가 매우 중요하지. 그뿐 아니라 이제는 영토가 문제가 아니라 영해도 굉장히 중요해. 일본만 해도 자꾸 독도를 자기네 땅이라고 우기는 게 그래야 독도 반경 수십 킬로미터까지 자기네 나라 것이 되기 때문이야.

▲ 시화호 조력 발전소야. 조수 간만* 때 빠져나가고 들어오는 바다 물살의 힘으로 터빈*을 돌려 전기를 만들어 내지.

한편 세계는 여러 가지 위기를 눈앞에 두고 있단다. 인구가 점점 늘어나면 머잖아 식량이 부족해질 수도 있어. 석유 등 지하자원도 언젠가 고갈될 거야. 이런 위기 앞에 선 인류에게 바다는 하나의 탈출구가 되어 줄 것으로 기대된단다. 지구는 물의 행성이라고 할 만큼 지구 표면의 약 70퍼센트가 바다로 덮여 있어. 이 바다에는 여러 가지 천연자연은 물론 식량 자원이 풍부하거든. 미래 인류의 소중한 보물 창고가 되어 줄 거야.

장보고가 바닷길을 이용해 경제적 성과를 이뤄 낸 것처럼, 우리도 바다를 보호하고 이용해 모두가 잘사는 세상을 만들도록 하자꾸나.

▲ 광복절 기념 독도 해상 기동 훈련 모습이야. 일본이 감히 욕심 내지 못하겠지?

어휘 사전

*표시된 어휘를 자세히 설명합니다.

거상(13쪽) : 밑천을 많이 가지고 장사하는 상인을 말해.

무예(14쪽) : 칼이나 활 같은 무기를 다루는 기술이야.

호족(15쪽) : 재산이 많고 세력이 강한 집안을 가리키는 말이란다.

통역사(17쪽) : 말이 통하지 않는 사람들 사이에서 뜻이 통하게끔 해 주는 역할을 하는 사람이야.

안녹산(18쪽) : 당나라 국경을 지키던 무장으로 755년 반란을 일으켰어. 당시 황제가 도망칠 정도로 거센 반란이었지. 하지만 반란 중이던 757년에 권력을 차지하려는 자식에게 죽임을 당하고 말았어.

흥덕왕(22쪽) : 826년부터 836년까지 신라를 다스린 제42대 국왕이야. 흥덕왕 때 유난히 가뭄과 전염병이 심했지.

토성(23쪽) : 흙을 주요 재료로 쌓아 올린 성을 말해.

요충지(24쪽) : 자연 환경이 군사적으로 중요한 곳이란다.

난파(25쪽) : 항해하던 배가 폭풍우를 만나 부서지거나 뒤집히는 일이야.

항해술(25쪽) : 배를 타고 바다 위를 잘 다닐 수 있는 기술이야.

속일본후기(25쪽) : 일본 왕의 명령으로 엮은 여섯 권의 역사 책 중 네 번째 책이야. 869년에 편찬되었어.

원단(26쪽) : 옷의 원료가 되는 옷감을 말해.

안목(29쪽) : 사물을 알고 평가할 줄 아는 능력을 가리켜.

관모(30쪽) : 벼슬아치가 쓰던 모자로 격식이 정해져 있어.

웨저우 요(31쪽) : 중국 저장 성 웨저우(월주) 지방의 가마를 가리켜. 이곳에서 진나라 때부터 송나라에 이르기까지 자기를 만들었지.

중계 무역(32쪽) : 다른 나라에서 물자를 사들여 그대로 또 다른 나라로 수출하는 무역을 말해.

택리지(33쪽) : 1751년 실학자 이중환이 우리나라 각지의 지형과 풍습, 교통, 인물 등에 대해 적은 지리책이야.

두목(37쪽) : 당나라 말기에 관찰사 등을 역임한 관리이자 뛰어난 시인으로 호는 번천이야.

신당서(37쪽) : 당나라의 역사를 담은 〈당서〉 중 하나야. 940년에 편찬을 시작해 945년에 완성한 《구당서》의 내용을 보완하기 위해 1044년부터 1060년까지 17년에 걸쳐 완성한 책이란다.

일본후기(37쪽) : 일본 왕의 명령으로 엮은 여섯 권의 역사 책 중 세 번째 책이야. 840년에 편찬되었어.

삼국사기(37쪽) : 1145년 고려 시대에 왕의 명령으로 김부식이 쓴 삼국 시대의 역사책이야.

삼국유사(37쪽) : 고려 후기 승려 일연이 삼국 시대에 대해 전해 내려오는 이야기를 담아 1281년 펴낸 책이야.

조수 간만(40쪽) : 달, 태양이 끌어당기는 힘에 따라 높아졌다 낮아졌다 하는 바닷물을 조수라고 해. 간만은 바다에서 조수 현상으로 해수면이 가장 낮아졌을 때와 가장 높아졌을 때의 상태를 가리켜.

터빈(40쪽) : 높은 압력의 물이나 기체가 날개바퀴에 부딪치게 하여 날개바퀴를 회전시키는 장치란다.

황보감 할아버지
황학동에서 삼대째 한의원을 하고 있다. '황학동 허준'이란 별명을 가지고 있다. 만물상 할아버지와 초등학교 동창으로 오랜 친구다.

나원준
절대 음감의 소유자로, 한때는 가요 프로그램에서 1위에 오르며 화려한 인기를 누린 가수였다. 지금은 황학동에서 중고 기타 상점을 운영한다.

주차 단속 할머니
다른 사람의 일에 관심이 많으며 말참견을 잘한다. 남의 일에 자주 간섭을 하고 툴툴거리기는 하지만, 잔정이 많다.

나재주 아저씨
중고 가전제품 가게를 운영하는 발명가 아저씨이다. 멋진 발명 아이디어로 평범한 물건도 새것으로 만드는 일을 즐겨 한다.

김 여사
동양화 중에서도 난을 잘 그리는 멋쟁이 여사로, 언제나 우아하고 교양 넘치는 말투로 화방에서 손님을 맞는다.

털보 삼촌
책에 대해서는 모르는 것 없는 만물박사로 헌책방 주인이다. 여러 곳을 돌아다니면서 희귀한 책들을 구해 온다.

미세스 고
황학동 시장에서 커피, 녹차, 유자차, 생강차 등을 수레에 싣고 다니면서 판다. 커피 수레를 밀고 다니면서 온 동네의 소식통 역할을 한다.

박남훈 선생님
동물 보호 운동가이자 동물 병원 원장이다. 대학생 때부터 세계 각국을 두루 여행하면서 동물 보호 운동에 앞장서 왔다.

한눈에 보는 인물 연표
바다의 실크로드를 누빈 해상 위인

〈장보고의 생애〉

- 780년경 | 완도에서 태어남.
- 805년경 | 당나라로 건너감.
- 807년경(~820년경) | 무령군에서 근무.
- 819년 | 병사 천여 명을 거느리는 군소중장이 됨.
- 823년 | 중국 적산 법화원을 세움.
- 828년 | 신라로 귀국 후 청해진 설치, 청해진 대사로 임명됨.
- 838년 | 김우징의 요청으로 군사 5천 명을 지원하여 민애왕을 물리침.
- 839년 | 김우징이 신무왕으로 등극하여 장보고를 감의군사로 봉함.
- 840년 | 일본에 무역 사절을, 당나라에 견당 매물사를 보내어 삼각무역을 함.
- 846년 | 신라 귀족이 보낸 염장에 의해 암살당함.
- 851년 | 청해진 폐쇄, 주민은 벽골군(지금의 김제)으로 강제 이주시킴.

연표축: 780년 / 800년 / 810년 / 820년 / 830년 / 840년 / 850년 ― 1370년 / 1380년 / 1400년

〈정화의 생애〉

- 1371년 | 윈난 성의 이슬람교도 집안에서 태어남.
- 1382년 | 명나라의 정벌로 명나라 포로가 됨.
- 1383년 | 주체(영락제)에게 환관으로 보내짐.
- 1404년 | 환관의 우두머리 태감으로 승진.
- 1405년 | 인도 서해안 캘리컷으로 62척의 함선, 2만 7,800여 명을 이끌고 1차 원정.
- 1407년 ~1433년 | 2~7차 원정. 동남아시아에서 인도를 거쳐 아라비아까지 갔으며 아프리카 케냐까지 진출함.

  시암(태국)이 명나라에 조공을 바치게 하고, 말레이시아 반도에 항구를 만들기도 했음.

  여러 나라 사절단이 오고 갔으며 아프리카의 사자, 기린 같은 진귀한 동물을 명나라로 들여옴.

- ?년 | 7차 원정 중이나 직후에 세상을 떠남.